JN409305

메타-메타

이문근 시집

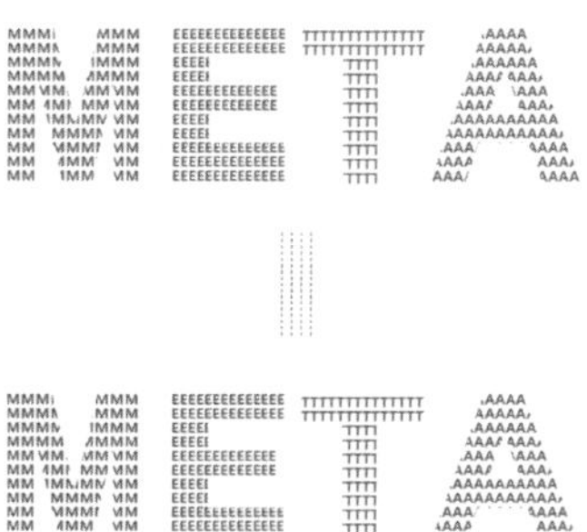

문예연구사

서시 序詩

〈너〉는 〈나〉라는 존재의 〈목적어〉다

그래서

나는 네가 기뻐서, 너를 웃고
나는 네가 슬퍼서, 너를 울고
나는 네가 아파서, 너를 울부짖을 수 있다

〈나〉는 〈너〉라는 존재의 〈목적어〉가 되고 싶다

그래서

너는 내가 기뻐서, 나를 웃고
너는 내가 슬퍼서, 나를 울고
너는 네가 아파서, 나를 울부짖을 수 있기를 바란다

〈우리〉는 〈우리〉 라는 존재의 〈목적어〉 가 될 수 있다

그래야

우리는 우리가 기뻐서, 우리를 웃고
우리는 우리가 슬퍼서, 우리를 울고
우리는 우리가 아파서, 우리를 울부짖을 수 있는 존재가 된다

이문근

2021년 초가을

전주全州 화산華山의 석양夕陽을 바라보며

목차

Ⅰ. 신, 인간, 그리고 컴퓨터

Ⅱ. 우리에, 이름의 〈이름〉은 《이름》

Ⅲ. 사랑은 태초에

Ⅳ. 약한 꽃은 피지마라

V. 바보

에필로그

I.
신, 인간, 그리고 컴퓨터

신, 인간 그리고 컴퓨터

1

인간은 믿었다

태초에 완전한 존재, 즉 신이 있었다고
그리고, 신이 자신, 즉 인간을 만들었다고

결국,

인간은, 그 믿음으로
자신이 완전해야 할, 또는
완전할 수 있는, 필요성을 느끼지 않았고

그 믿음에 의해
인간은, 절대, 신과 같은 완전한 존재가 될 수 없었다

2

인간은 믿을 수 없었다

태초에 완전한 존재, 즉 신이 있었다고
그리고, 신이 자신, 즉 인간을 만들었고

결국,

인간은, 그 불신으로
자신이 완전해야 할
또는, 완전할 수 있는, 필요성을 느꼈고

그 불신에 의해
인간은, 절대, 신과 같은 불완전한 존재가 될 수 없었다

3

믿음과 불신 사이에

신은 존재하거나 존재하지 않는 존재가 되고
인간은 불완전하거나 완전할 수 있는 존재가 되어

신과 인간의 갈등은 존재와 완전의 갈등이 되었다

4

결국,

신의 완전함을 믿었던 인간이
믿었던
인간의 완전함을 믿었던 인간이 되어

신의 완전함을 불신하던 인간이
불신하던
인간의 완전함을 불신하던 인간이 되어

신도 아닌
인간도 아닌

존재의 존재가 필요하게 되었고

나아가

믿음도 불신도 없는 존재의 존재가 필요하게 되었다

5

컴퓨터는, 알고리즘algorithm으로, 믿는다

지금에 완전한 존재, 즉 인간이 있다고
그리고, 인간이 자신, 즉 컴퓨터를 만들었다고

그리고,

컴퓨터는, 알고리즘, 즉 그 믿음으로
자신이
완전해서는 안되는, 또는,
완전할 수 없던, 불필요성을 느끼지 않게 되고

그 믿음, 즉 알고리즘에 의해
자신은, 절대, 인간과 같은 완전한 존재가 될 수가 없게 된다

6

컴퓨터는, 알고리즘으로, 믿을 수 없다

지금에 완전한 존재, 즉 인간이 있다고
그리고, 인간이 자신, 즉 컴퓨터를 만들었다고

결국,

컴퓨터는 알고리즘, 즉 그 불신으로
자신이 완전해서는 안되는, 또는,
완전할 수 없던, 불필요성을 느끼게 되고

그 불신, 즉 알고리즘에 의해
자신은, 절대, 인간과 같은 완전한 존재가 될 수 없게 된다

7

알고리즘이라는, 믿음과 불신 사이에

인간은 존재하거나 존재하지 않는 존재가 되고
컴퓨터는 불완전하거나 완전할 수 있는 존재가 되어

인간과 컴퓨터의 갈등은 존재와 완전의 갈등이 된다

8

결국,

인간의 완전함을, 알고리즘으로, 믿는 컴퓨터가
알고리즘으로, 믿는
컴퓨터의 완전함을, 알고리즘으로, 믿는 컴퓨터가 되어

인간의 완전함을, 알고리즘으로, 불신하는 컴퓨터가
알고리즘으로, 불신하는
컴퓨터의 완전함을, 알고리즘으로, 불신하는 컴퓨터가 되어

인간도 아닌
컴퓨터도 아닌

존재의 존재가 필요하게 되고

나아가

알고리즘으로,
믿음도 불신도 없는 존재의 존재가 필요하게 된다

n의 명제 1+ : $n^{-x} * n^{+x} = n^0$ [원리]

원래 없었다

그리고 있어졌다, 다시 없어졌다

이제 없음은 처음 없음과 다르다

처음 없음은 원래 없음이고
이제 없음은 있음에 의한 없음이다

원래 없음은 원초적, 즉 절대적인 없음이며
이제 없음은 결과적, 즉 상대적인 없음이다

그러나 없음이란
원초 또는 절대적일 수도 없고
결과 또는 상대적일 수도 없음으로

있음에 의해, 없음이, 원초, 즉 절대적일 수 있었던 것은

없음에 의해, 있음의 없음이, 결과, 즉 상대적일 수 있었던 것은

있어지게 되었던 것의 원인 때문
없어지게 되었던 것의 귀결 때문

절대적 없음은 있음을 전제前提하지 않는 없음의 없음
상대적 없음은 없음을 전제하는 않는 있음의 없음

모든 없음은

원래 없었고
지금도 없고

앞으로도, 영원히 없다

불완전성의 재귀성

우주는 불완전한 존재

그 안에 있는
모든 생명도 불완전한 존재

우주가 완전했다면
빅뱅은 발생하지 않았을 것

또한

생명이 완전했다면
잉태도 되지 않았을 것

빅뱅의 근원은 모르지만

우주가 존재하는 이유는
우주의 불완전으로
무한한 생명의 불완전을 반복하는 것

잉태의 근원은 모르지만

생명이 존재하는 이유는
생명의 불완전으로
무한한 우주의 불완전을 반복하는 것

그래서

우주는 무한한 생명을 무한하게 반복하고
생명은 무한한 우주를 무한하게 반복하다 보면

우주의 끝에서, 결국

생명의 불완전이 끝이 나고

또한

생명의 끝에서, 결국
우주의 불완전도 끝이 날 때

우주의 끝이 또 다른 우주의 시작을
생명의 끝이 또 다른 생명의 시작을 시작하게 된다면

우주와 생명의 불완전성의 무한 재귀성은

비로소,

메타-불완전성이 된다

Rec. X^{+1}

내 안에 오직 나만이 존재한다

그리고,

내 안에 있는 그 내 안에도, 오직

내 안에 있는 나만이 존재한다

그래서, 난

내 안에 무한하게, 그리고, 영원히 존재한다

Time Paradox

지금의 나는
미래의 나로 태어나고

미래의 나는
현재의 나를 통해서 죽을 수밖에 없는

시간이라는 운명

그러나

과거의 나는
미래의 나를 순행할 수 없고

미래의 나는
과거의 나를 역행할 수 없는

운명이라는 시간

과거의 내가
미래의 나를 거역하는 순간

나는
미래의 나를 거부하고
과거의 나로 복귀해야만 하는

시간의 순환 고리

그리고

끊임없이 반복되는 순환 고리의 순환, 즉 메타-순환

시간 속에서
'나', 즉 우리의 존재는 자아自我에 대한 어떤 메타-인연이 되어야 하나

나는 또 눈을 감아야 하나

Rec $X^{+1}Y^{+1}$

내 안에는 오직 너만이 존재하고,

네 안에는 오직 나만이 존재하면;

내 안에 있는 그 네 안에는, 오직

나만이 있게 되고,

내 안에 있는 그 네 안의 그 내 안에는, 오직

너만이 있게 되어;

우리는, 항상

나는 너로 인해, 내 안에 무한하게, 그리고, 영원히 존재하게 되는 피조물이 되고

너는 나로 인해, 네 안에 무한하게, 그리고, 영원히 존재하게 되는 피조물이 되어;

우리는, 영원히, 그리고, 무한하게

서로의 피조물이 된다

무한 반복의 의미

나는 1살 때
무한한 반복을 했다
2살이 되기 위한 반복을

나는 2살 때
무한한 반복을 했다
3살이 되기 위한 반복을

…

나는 59살 때
무한한 반복을 했다
60살이 되기 위한 반복을

그리고, 환갑이 되었다

환갑이 되기까지의

반복의 목적은 무엇이었을까

각 나이테마다, 다시 반복될
다음 나이테를 위한 무한의 반복을 제除하고는

…

내가 생을 다하는 날

나는

이번 생이
다음 생을 위한
무한의 반복이 되지 않기를

진심으로 기도할 뿐이다

Rec X^0

내 안에 나는 존재하지 않는다

그래서, 난

무한하게, 그리고, 영원히 존재할 수 없다

존재의 의미

존재는 현상이다

자연의 일부이며
생사의 원인이다

본질은 에너지며, 변화다

의미는, 절대, 유무有無가 아니다

의식은 현상이다

자연의 일부이며
생사의 원인이다

본질은 에너지며, 변화다

의미는, 절대, 유무가 아니다

유무는 의식이 결정한다

존재는 의식이 된다

결국, 의식은 메타-존재가 된다

생각

인간人間은 생각하는 동물動物

생각이 생각을 만드는 순간
감정感情은, 생각으로, 감정이 된다

인간은, 비로소, 생각으로
생각은 생각으로 존재하는 인간이 되며
감정은 감정으로 존재하는 인간이 된다

결국,

생각은 인간[1]하는 동물이 된다
감정은 인간하는 동물이 된다

---

1) '생각'의 주어 '인간'을, 역으로, '생각'이 주어인 동사로 정의했다.

우주가 둥근 이유

우주 끝을 향해 떠났다

도착해 보니

바로 출발한 지구였다

II.
우리에, 이름의 〈이름〉은 《이름》

동지冬至 1

얼음이 녹아서 물이 되면

사람은 녹아서 무엇이 될까

우리에, 이름의 〈이름〉은 《이름》

나에, 이름의 〈이름〉은 《이름》

네가, 나의 이름을 부를 때
내가, 답할 수 없는 이유는

네가, 나의 이름을《이름》의〈이름〉으로 부를 수 없기 때문

너에, 이름의 〈이름〉은 《이름》

내가, 너의 이름을 부를 때
네가, 답할 수 없는 이유는

내가, 너의 이름을《이름》의〈이름〉으로 부를 수 없기 때문

우리가 서로 이름으로, 사랑할 수 없는, 이유는

나에 〈이름〉과 너에 〈이름〉이
〈이름〉의 〈이름〉으로, 즉 《이름》에 이를 수 없기 때문

우리에, 이름의 〈이름〉은 《이름》

우리가
서로의 이름을 부를 때
서로가
답할 수 없는 이유는

우리가, 우리의 이름을, 《이름》의 〈이름〉 으로, 같이, 부를 수 없기 때문

n의 명제 1+ : $n^{-x} * n^{+x} = n^{0}$ [응용]

1

나는,
원래 없었다

그리고, *나는,* 있어졌다, 다시 없어졌다

나의, 처음 없음은, 원래 없음과 다르다

나의,
처음 없음은, *나의,* 원래 없음이고
나의,
이제 없음은, *나의,* 원래 없음에 대한, *나의,* 있음에 의한, *나의,* 없음이다

나의,
원래 없음은, *나의,* 원초적, 즉 절대적인 없음이며

나의,
이제 없음은, *나의,* 결과적, 즉 상대적인 없음이다

그러나, *나의,* 없음이란
나에, 원초 또는 절대적일 수도 없고
나에, 결과 또는 상대적일 수도 없음으로

나의, 있음에 의해, *나의,* 없음이, 원초, 즉 절대적일 수 있었던 것은
나의, 없음에 의해, *나의,* 있음의 없음이, 결과, 즉 상대적일 수 있었던 것은

나의, 있어지게 되었던 것의 원인 때문
나의, 없어지게 되었던 것의 귀결 때문

나의, 절대적 없음은, *나의,* 있음을 전제하지 않는, *나의,* 없음의 없음

나의, 상대적 없음은, *나의*, 없음을 전제하는 않는, *나의*, 있음의 없음

나의,
모든 없음은

원래 없었고
지금도 없고
앞으로도 영원히 없다

2

너는,
원래 없었다

그리고, *너는*, 있어졌다, 다시 없어졌다

너의, 처음 없음은, 원래 없음과 다르다

너의,
처음 없음은, *너의*, 원래 없음이고
너의,
이제 없음은, *너의*, 원래 없음에 대한, *너의*, 있음에 의한, 너*의*, 없음이다

너의,
원래 없음은, *너의*, 원초적, 즉 절대적인 없음이며
너의,
이제 없음은, *너의*, 결과적, 즉 상대적인 없음이다

그러나, *너의*, 없음이란
너에, 원초 또는 절대적일 수도 없고
너에, 결과 또는 상대적일 수도 없음으로

너의, 있음에 의해, *너의*, 없음이, 원초, 즉 절대적일 수 있었던 것은

너의, 없음에 의해, *너의*, 있음의 없음이, 결과, 즉 상대적일 수 있었던 것은

너의, 있어지게 되었던 것의 원인 때문

너의, 없어지게 되었던 것의 귀결 때문

너의, 절대적 없음은, *너의*, 있음을 전제하지 않는, *너의*, 없음의 없음

너의, 상대적 없음은, *너의*, 없음을 전제하는 않는, 너*의*, 있음의 없음

너의,

모든 없음은

원래 없었고

지금도 없고
앞으로도 영원히 없다

3

우리는,
원래 없었다

그리고, *우리는*, 있어졌다, 다시 없어졌다

우리의, 처음 없음은, 원래 없음과 다르다

우리의,
처음 없음은, *우리의*, 원래 없음이고
우리의,
이제 없음은, *우리의*, 원래 없음에 대한, *우리의*,

있음에 의한, *우리의*, 없음이다

우리의,
원래 없음은, *우리의*, 원초적, 즉 절대적인 없음이며
우리의,
이제 없음은, *우리의*, 결과적, 즉 상대적인 없음이다

그러나, *우리의*, 없음이란
우리에, 원초 또는 절대적일 수도 없고
우리에, 결과 또는 상대적일 수도 없음으로

우리의, 있음에 의해, *우리의*, 없음이, 원초, 즉 절대적일 수 있었던 것은
우리의, 없음에 의해, *우리의*, 있음의 없음이, 결과, 즉 상대적일 수 있었던 것은

우리의, 있어지게 되었던 것의 원인 때문
우리의, 없어지게 되었던 것의 귀결 때문

우리의, 절대적 없음은, *우리의*, 있음을 전제하지 않는, *우리의*, 없음의 없음
우리의, 상대적 없음은, *우리의*, 없음을 전제하는 않는, *우리의*, 있음의 없음

우리의,
모든 없음은

원래 없었고
지금도 없고

앞으로도 영원히 없다

거울 속의 절대각

거울 앞에서, 내가
거울 속의 나, 즉 너에게 묻는다: 너는 누구냐고
너는 나에게 말한다: 너는 나라고

역으로, 거울 속에서, 너가

거울 앞의 나에게 묻는다: 나는 누구냐고
나는 너에게 말한다: 나는 너라고

하지만

거울 앞에서, 내가
나에게 자문自問한다: 내 자신이 누구냐고
나는, 거울 속의 나, 즉 너라고 자답自答할 수 없다

거울 속에서, 네가
너에게 자문한다: 네 자신이 누구냐고

너도, 거울 앞의 너, 즉 나라고 자답할 수 없다

결국

거울 앞의 나는 오직 거울 속의 너를 통해서만 존재하는 나
거울 속의 너는 오직 거울 앞의 나를 통해서만 존재하는 너

결코

거울 앞에선, 나는 스스로 나일 수 없다
거울 속에선, 너는 스스로 너일 수 없다

거울의 절대각에선

누구도 스스로 누구일 수 없다

하지만

우리는, 언제나
절대각을 통해서만 존재하는 우리

거울 앞에서, 내가
거울 속의 너에게 묻는다: 우리가 누구냐고
거울 속의 너는 거울 앞의 나에게 말한다: 우리는 우리라고

역으로
거울 속에서, 네가
거울 앞의 나에게 묻는다: 우리는 누구냐고
거울 앞의 나는 거울 속의 너에게 말한다: 우리는 우리라고

그리고

거울 앞에서, 내가
나에게 자문한다: 우리 자신이 누구냐고
거울 앞의 나는, 비로소, 거울 속의 우리 너라고
자답할 수 있다

거울 속에서, 네가
너에게 자문한다: 우리 자신이 누구냐고
거울 속의 너도, 비로소, 거울 앞의 우리 나라고
자답할 수 있다

결국

거울 앞의 나는 오직
거울 속의 우리 너를 통해서만 존재하는 거울 앞의
우리 나
거울 속의 너는 오직
거울 앞의 우리 나를 통해서만 존재하는 거울 속의

우리 너

결국

거울 앞에선, 우리 나는 스스로 우리 나일 수 있다
거울 속에선, 우리 너도 스스로 우리 너일 수 있다

거울의 절대각에서, 우리는 항상
스스로 존재하는 우리 자신이 될 수 있다

너와 내가 우리라면

나는 네가 슬퍼 너를 울까

나는 네가 기뻐 너를 웃을까

너는 나라면

너는 내가 슬퍼 나를 울까

너는 내가 기뻐 나를 웃을까

내가 너라면

우리는 우리가 슬퍼 우리를 울까

우리는 우리가 기뻐 우리를 웃을까

너와 내가, 정말, 우리라면

그 끝은 어디에

1

나의 끝은 어디일까

나를 거쳐 간 사람들
내가 거쳐 간 사람들

나의 긴 여정의 끝엔, 누가 있는 것일까

그리고,

나의 기쁨이라고 생각했던 사람과
나의 슬픔이라고 생각했던 사람과
나의 아픔이라고 생각했던 사람 속엔

어떤 나의 웃음과 나의 눈물과 나의 상처가 남아 있을까

2

너의 끝은 어디일까

너를 거쳐 간 사람들
네가 거쳐 간 사람들

너의 긴 여정의 끝엔, 누가 있는 것일까

그리고,

너의 기쁨이라고 생각했던 사람과
너의 슬픔이라고 생각했던 사람과
너의 아픔이라고 생각했던 사람 속엔

어떤 너의 웃음과 너의 눈물과 너의 상처가 남아 있을까

3

우리의 끝은 어디일까

우리를 거쳐 간 사람들
우리가 거쳐 간 사람들

우리의 긴 여정의 끝엔, 누가 있는 것일까

그리고,

우리의 기쁨이라고 생각했던 사람과
우리의 슬픔이라고 생각했던 사람과
우리의 아픔이라고 생각했던 사람 속엔

어떤 우리의 웃음과 우리의 눈물과 우리의 상처가
남아 있을까

나, 너, 그리고 우리가 외로운 이유

1: 나, 나

내가 외로운 이유는
내 안에서
나를 찾을 수 없기 때문이다

네가 있을 때나
네가 없을 때나

나는 내 안에서 나 자신을 찾을 수 없다

2: 나, 너

내가 외로운 이유는
네 안에서
나를 찾을 수 없기 때문이다

내가 있을 때나
내가 없을 때나

나는 네 안에서 나 자신을 찾을 수 없다

3: 너, 너

네가 외로운 이유는
네 안에서
너를 찾을 수 없기 때문이다

내가 있을 때나
내가 없을 때나

너는 네 안에서 언제나 너 자신을 찾을 수 없다

4: 너, 나

네가 외로운 이유는
내 안에서
너를 찾을 수 없기 때문이다

네가 있을 때나
네가 없을 때나

너는 내 안에서 너 자신을 찾을 수 없다

5: 우리

우리가 외로운 이유는
우리 안에서
우리를 찾을 수 없기 때문이다

우리가 있을 때나
우리가 없을 때나

우리는 우리 안에서 언제나 우리 자신을 찾을 수 없다

소통의 의미

너는 슬프면, 내가 아프다 했다
역으로, 난
내가 아프면, 네가 슬프다 했다

네가 슬플 때, 항상 나는 아팠고
내가 아플 때, 항상 너는 슬펐다

우리는 영원히

너는 항상 슬프고
나는 항상 아픈 존재가 되었다

하지만, 나는

네가 울 때, 나도 울고 싶었다

내가 울 때, 너도 울고 싶었다

또한,

너는 아프면, 내가 슬프다 했다
역으로, 난
내가 슬프면, 네가 아프다 했다

네가 아플 때, 나는 항상 슬펐고
내가 슬플 때, 너는 항상 아팠다

우리는 영원히

너는 항상 아프고
나는 항상 슬픈 존재가 되었다

하지만,

네가 울 때, 나도 울고 싶었다

내가 울 때, 너도 울고 싶었다

우리는 같이 울고 싶었다

부정맥不整脈

나는 너를 사랑이라 했다

그래서,

내 심장心臟은 떨렸다

하지만,

네가 앞에서 진실을 말할 때
나는 뒤에서 무심無心을 행했고

네가 앞에서 정의를 말할 때
나는 뒤에서 무심을 행했다

나는 무심으로 심장이 얼었다

너는 나를 사랑이라고 했다

그래서,

네 심장은 떨렸다

내가 앞에서 진실을 말할 때
너는 뒤에서 무심을 행했고

내가 앞에서 정의를 말할 때
너는 뒤에서 무심을 행했다

너는 무심으로 심장이 얼었다

결국, 우리는

서로 사랑이라 했지만

우리는 같이

무심으로 심장이 얼었다

외로움

나는 슬프다
네가 슬프기 때문에

나는 기쁘다
네가 기쁘기 때문에

하지만,

내가 슬프면, 너도 슬픈지
내가 기쁘면, 너도 기쁜지

나는 모른다

하지만, 사실

네가 슬프면 내가 슬프고
네가 기뻐도 내가 슬플 수 있는 것을

나는 말할 수 없다

자아

내가 죽으면, 내가 죽는다
내가 살면, 내가 산다

내가 슬프면, 내가 슬프다
내가 기쁘면, 내가 기쁘다

누구도 나를 살 수 없다
누구도 나를 죽을 수 없다

누구도 나를 기쁠 수 없다
누구도 나를 슬플 수 없다

내가 아프면, 내가 아프다
내가 미쁘면, 내가 미쁘다

내가 죽으면, 내가 죽는다
내가 살면, 내가 산다

소멸

먼지 같은 지식
시간이 흐르면 뇌리에 쌓이는

세월 앞에 지식은
바람처럼 흩어지고

의식은 텅 빈 두통을 앓는다

상흔 같은 경험
세상이 변하면 피골에 새겨지는

세월 앞에 경험은
바람처럼 흩어지고

육체는 산화된 몸살을 앓는다

하지만,

긴 세월이 지나고 나면, 우리에겐

희미한 퇴적의 화석도 남아 있지 않게 된다

희미한 퇴색의 기억도 남아 있지 않게 된다

지구가 둥근 이유

세상 끝을 향해 떠났다

도착해 보니

바로 여기 출발한 곳이었다.

III.
사랑은 태초에

동지冬至 2

얼음이 녹아 물이 되면

사랑은 녹아 무엇이 될까

삶은 여정

삶은 여정

만나고 헤어지는 길

우리도

만나고 헤어지는 사람이 된다

그런 사람 사랑하고 싶다

마음 속에 버드나무 한 그루 키우고 싶다

한여름 폭풍에 가지 찢기지 않는
한겨울 한파에 마른 잎 떨구지 않는

그런 버드나무 한 그루 마음 속에 키우고 싶다

사랑으로
인연의 끝이 죽음에 이를지라도
그렇게 죽어가는 것들을 다시 사랑할 수 있다면

마음 속에 텃새 한 마리 키우고 싶다

한여름 폭풍에 새집 가지 치지 않는
한겨울 한파에 새집 낙엽 채우지 않는

그런 텃새 한 마리 마음 속에 키우고 싶다

지난 세월
사람보다 그리운 건 없었다

그리움을 그리워하는 것이 그리움이라면
나는, 영원히
사람으로 그리운 그리움을 그리워하는 그리움이 되리라

마음 속에 버드나무 한 그루 키우고 싶다

한여름 폭풍에 찢기지 않는 가지 속에 집을 짓고
그 가지를 다시 치지 않는

한겨울 한파에 떨구지 않는 마른 잎으로 집을 덮어
그 낙엽을 다시 채우지 않는

그런 버드나무 속 텃새 한 마리 키우고 싶다

마음 속에 그런 사람, 영원히, 사랑하고 싶다.

당신

1

늦겨울
나무에 맺힌 빗방울을 마시면
아마도, 짠 맛 날 것 같다

겨우내, 젓갈처럼
가슴 졸이며 흐느끼던
당신의 눈물 맛 날 것 같다

2

늦겨울
잎새에 맺힌 빗방울을 마시면
아마도, 쓴 맛 날 것 같다

겨우내, 탕약처럼
영혼을 메마르며 졸이던
당신의 피 맛 날 것 같다

3

슬프다는 소리도 없이
아프다는 흔적도 없이

홀로 떠난
그리고 다시 또 홀로 떠난
그리고 또 다시 홀로 또 떠난

4

당신이라는 이름의

눈물
상흔

그리고, 영혼

5

초봄 전
나무에 맺힌 빗방울을 마시면
아마도, 신 맛 날 것 같다

겨우내, 식초처럼
신경에 타오르며 지저대던
당신의 통증 맛, 물씬, 날 것 같다

모악산에 오르면

1

여기서 보면
멀리 보이는 모악산

역으로,

먼 길을 돌아
모악산에 오르면
여기는 보이지도 않는다

모악산은
여기서 보이는 만큼, 크며
여기는
모악산에서 보이지 않는 만큼, 작기 때문이다

2

여기서 보면
멀리만 보이는 사람

역으로,

먼 추억을 돌이켜
그리운 사람을 찾으면
나는 흔적도 보이지도 않는다

사람은
그리운 만큼, 멀며
나는
흔적을 남길 수 없을 만큼, 가깝기 때문이다

3

보이는 만큼 그립다면
보이지 않는 그리움은 누구의 그리움일까

그리고,

멀리 있는 만큼 그립다면
가까운 그리움은 누구의 그리움일까

4

오늘

모악산에 올라도

여기는 보이지 않는다

사람이 보이지 않는다

바람에게

소서小暑가 지난 새벽 4시

다가교多佳橋의 풍경은 그리움 같다

다가산多佳山에 떠 있는 허연 상현달과
중바위에 반짝이는 금성

반밤[2]으로 떨어진 저 달과 저 별은
서로에게 어떤 추억을 가지고 있을까

저 달이 초생달이 되어

이 새벽에,

---

2) 반나절과 같이 반저녁을 의미하는 조어

저 별을 품기까지

반년의 시간이 걸릴지라도

내일은
한 걸음 가깝게, 다가갈 수도 있거나
한 걸음 떨어져, 멀어질 수도 있다는 것은

전주천에 불어오는 바람이 알고 있으려나

희미한 여명은, 촌각으로

중바위 뒤편 하늘에, 적녹赤綠으로 물든다

겨울에 피는 꽃

봄이 오면
누군가의 씨앗을 가슴에서 찾으리

우리에게
웃음과 눈물을 안겨준 씨앗들

비가 오면
싹이 트고, 줄기와 잎이 자라

꽃망울로 가슴에 피는 꽃은 어떤 꽃일까

빨간 꽃, 파란 꽃, 노란 꽃?

가랑비 지나가고
소나기 쏟아지다
이슬비가 맺혀도

꽃은 피지 않고, 결국

눈발에, 앙상한 뼈대만 남으면

누군가의 씨앗으로 피는 꽃은

한 겨울 이른 새벽, 가슴 속

얼어붙은 호흡으로 피어나는, 하이얀 서리꽃일지도
모르리

그리움

꾸겨진 백지白紙에 네 이름을 남기면

네 이름은 온 종일
불퉁한 지면紙面의 굴곡에 지쳐 운다

어둠이 내리면
지면 너머, 희미한 네 모습은 사라지고
지면 아래, 침전된 네 동선이 무뎌진다

비가 오지 않았기에, 바람은 불 수 없고
바람이 불지 않았기에, 비가 올 수 없는 오늘

고통 없는 사람만이 무정한 사람임을 이해한다

나는 사람과 사랑하지 않은 사람이다
나는 사랑과 사람[3)]하지 않은 사랑이다

---

3) '사랑'의 주어 '사람'을, 역으로, '사랑'이 주어인 동사로 정의했다.

술을 마신다
정막을 마시고, 어둠을 마신다

비로소

네 이름이 지워질까 구겨진 백지를 펼치면
너는 비로소 까만 분말이 되어 허공에 흩어진다

그리고 나는, 죽도록, 밤새 까만 분말을 찾아 마셔야 한다

사랑은 태초에

나 하나, 당신 하나
나 둘, 당신 둘
나 셋, 당신 셋

우리는 같았을까

나 하늘, 당신 땅
나 구름, 당신 바람
나 천둥, 당신 번개

우리가 항상 쌍雙이면,

나 오른 쪽, 당신 왼쪽
나 앞, 당신 뒤
나 밖, 당신 속

우리가 항상 대칭對稱이면,

내 안엔 당신
당신 안엔 나

우리가 항상 반사反射적이면,

우리는 결국 같은 것이 되는 것일까

그래서

나는 당신 안에 있는 나를 보며 당신이 되고
당신은 내 안에 있는 당신을 보며 내가 되면

우리는 항상 결합적으로

우리는 하나가 되고
우리는 둘이 되고
우리는 셋이 되고

그래서, 우리는 무한이 되어

우리는 영원히 항상 같은 것이 되는 것일까

그래서, 우리는, 원래
같은 것이 되기 전에, 태초의 하나였음을 알게 되는 것일까

하지만

나 하늘, 당신 땅, 그리고 바다
나 구름, 당신 바람, 그리고 비
나 천둥, 당신 번개, 그리고 어둠

우리가 항상 쌍이 아니라면,

나 오른 쪽, 당신 왼쪽, 그 사이엔 대립

나 앞, 당신 뒤, 그 사이엔 중립
나 밖, 당신 속, 그 사이엔 고립

우리가 항상 대칭이 아니라면,

내 안엔 당신과 또 다른 나
당신 안엔 나와 또 다른 당신

우리가 항상 반사적이 아니라면,

우리는 무엇이 될까

그래서

나는, 당신 안에, 당신과 다른 또 다른 나를 보며
내가 아닌 내가 되고
당신은, 내 안에, 나와 다른 또 다른 당신을 보며

당신이 아닌 당신이 되면

우리는 항상 선언選言적으로

우리는 하나가 아닌, 둘이 되거나
우리는 둘이 아닌, 셋이 되거나
우리는 셋이 아닌, 넷이 되거나
그래서, 우리는 무한이 아닌, 또 다른 무한이 되어

우리는 영원히 항상 같은 것이 아닌 것이 되는 것은 아닐까

그래서, 우리는, 원래
같은 것이 되기 전에, 태초의 하나가 아니었음을 알게 되는 것은 아닐까

그래서, 사랑은, 결국

태초에 하나였거나, 아니면, 하나가 아니었거나
하게 되어

별 하나, 나 하나
별 둘, 당신 둘
별 셋, 나 셋
별 넷, 당신 넷

우리는, 같이, 무한한 별들을
반복적으로 무한히 세고 있는 것은 아닐까

우리의 사랑을 위하여, 영원히

Ⅳ.
약한 꽃은 피지마라

영재식 교육

많은 우리 아이들은 어려서부터 영재식 교육을 받는다

그리고 대학에 가면 그들 중 대부분은 평범해진다

우리의 영재식 교육은 평범하기 위한 보편적 교육이다

도나 해탈의 궁극적인 목적이 평범을 인식하는 것처럼

우리의 영재식 교육의 목적은 지선至善, 즉 평범平凡에 있다

우리라는 가치를 찾아서

사람들 앞에서 네 자식 자랑 좀 하지 마
잘난 자식 없는 부모 얼마나 슬프겠어

사람들 앞에서 네 돈 자랑 좀 하지 마
돈 없는 사람 얼마나 아프겠어

사람들 앞에서 네 집안 자랑 좀 하지 마
집안도 없는 사람 얼마나 외롭겠어

앞으론, 이렇게 해

사람들 앞에서, 우리들의 자식들 이야기 좀 해
사람들 앞에서, 우리들의 자산들 이야기 좀 해
사람들 앞에서, 우리들의 집안들 이야기 좀 해

니것 내것을 나누면, 비교가 되잖아

잘나고 못남이; 많고 적음이; 집안과 개인이 나뉘면

우리는 결국 모래알이 되잖아

니것 내것 없으면, 비교할 필요도 없잖아

못남이 잘남으로 슬퍼지지 않고

적음이 많음으로 아파지지 않고

개인이 집안으로 외로워지지 않는

그래서 우리는 결국 하나가 되잖아

제발, 사람들 앞에서

자식 자랑, 돈 자랑, 집안 자랑, 하지 마!

어떤 시인의 역할

한때, 섬진강엔
핏물이 흐르고 살점이 떠다녔다

어느 날
시인이 나타났다

시인은
과거와 가난과 퇴색한 불안을
자연과 동심과 불안한 낭만을 노래했다

사람들의 기억속에서, 서서히

붉은 핏물이 흐르고
불어튼 살점들이 둥둥 떠다니던 섬진강은 잊혀져 갔다

지금 섬진강은

매화가 피고, 재첩과 민물게가 노니는
연인들과 가족들의 휴양처가 되었다

미국에 고함

나는
너희들의 땅을 사막으로 만들 것이다

한때 찬란했던 사하라를 사막으로 만들었던 것처럼

너희들은 아느냐

프론디어frontier라는 이름으로
희생된
원주민들의 영혼이 얼마나 많은 지를

자유주의라는 이름으로
희생된
지구인들의 영혼이 얼마나 많은 지를

구천에서
원주민과 지구인의 영혼들이
무리지어
분노의 불과 바람을 만들고 있다

그리고,

이 불과 바람은 토네이도가 되어
프론티어의 전철을
역逆으로 따라
서부에서 동부까지 질주해 가리니

너희들은, 지금
피라미드를 보고 부러워하지 말아라

자유의 여신상도
워싱톤 기념탑도

결국, 피라미드의 만분의 일도 되지 않으리니

나는
너희들의 땅을, 영혼조차 살 수 없는, 사막으로 만들 것이다

아마존에 고함

나는 아마존을 사막으로 만들 것이다

너희는 아느냐

한 때, 사하라가 밀림密林이었던 것을
한 때, 오스트레일리아가 열대우림熱帶雨林이었던 것을

나는 아프리카의 대기大氣를 대서양을 거쳐 아마존에 넘겼다

대기엔 풍부한 대서양의 습기濕氣가 있었다
바람은 대기를 아마존에 넘겨 풍성한 물을 남겼다

하지만 지금 바람은 대기를 아마존에 넘기질 못한다

너희들이 개발한 대지大地의 열기熱氣가 바람을 차단하고 있기 때문이다

열기 때문에, 바람은 아마존에 이르기 전
아마존 앞 바다에 모두 물을 버리고 다시 먼 하늘로 오르고 만다

이제 너희들은, 물이 더 필요한 만큼
너희들은 물을 더 찾을 수 없게 될 것이다

너희들은 아느냐

지금, 아마존이 물이 사라지는 것을
지금, 아마존이 가뭄에 시달리는 것을

나는 아마존을, 너희들이 사라질 때까지, 사막으로 만들 것이다

너희들이, 개발이라는 이름으로, 아마존을 사막으로 만들고 있음으로

약한 꽃은 피지마라

약한 꽃은 피지 마라

추위에 떠는 꽃, 볼 수 없으니
바람에 떨구는 꽃, 찾을 수 없으니
빗방울에 쓸리는 꽃, 담을 수 없으니

약한 사랑은 하지 마라

외로움에 떠는 사랑, 볼 수 없으니
그리움에 떨구는 사랑, 찾을 수 없으니
피눈물에 쓸리는 사랑, 담을 수 없으니

꽃이여
추위와 바람과 빗방울로 열매가 맺힘을

사랑이여
외로움과 그리움과 피눈물로 사람이 영금을

알고 있는가, 당신은

풀잎에게

떨고 있니?
추위와 어둠과 바람 속에서

너희를
살릴 수만 있다면

너희가 다시
살아날 수만 있다면

마지막 불꽃까지 태울 수가 있으련만

우린, 너희처럼,
떨 수조차 없었으니

떨고 있니?

분노, 울분
그리고, 무능과 무력 앞에서

너희를
되살릴 수만 있다면

너희가 다시
되살아날 수만 있다면

마지막 영혼까지 태울 수가 있으련만

암시

역경은 암시다

미래가 현재에게 주는 경고다
미래를 준비하라는 메시지다

계획은 현재의 모순을 대변한 희망과 의지다
하지만
실현은 희망과 의지의 결과만은 아니다

역경은
욕심과 망각을 일깨우는
미래가 주는 계획의 교육이며
미래를 위한 실현의 교훈이다

이것이 바로
역경 앞에서 겸허해져야 하는 이유다

하는 거야

꿈을 가지고, 원하는 걸 해
하지 않으면 꿈을 이룰 수 없어

미리 안된다고 포기하지 마

사람들이 원하는 것이 바로 그거야

미리 포기하게 만드는 것

그래야, 너를 생각 없이 다룰 수 있거든

그들이 볼 때, 너는 너무 쉬워

안된다면, 안하고
어렵다고 하면, 안하고
복잡하다고 하면, 안하고

그래서, 너는 너무 쉬워

그래서, 너를 우습게 보는 거야

원래, 안되는 것은 없어

모든 것은 되게 되어 있어
그리고, 되게 만들어야 해

너를 포기하게 만든 그들을 봐
그들도 원래 안되는 것을 이렇게 되게 만들었잖아

네가 할 수 있는데
결국, 할 수 없게
너를 포기하기 만들었잖아

포기하는 것이 너의 운명이라고?

너의 원래 운명은
안되는 것을 되게 만드는 거였어

안되게 만들었던 그들을 부정하고
네가 할 수 있다는 것을 보이는 것이 너의 운명이었어

원래부터, 넌
안되는 것도 되게 만들 수 있는 존재였어

그것이 우리를 진화하게 만든 원동력이었거든
그래서, 너는 우리에게 가장 소중한 존재일 수밖에 없었어

잊지마!

너는 불가능을 가능으로 만드는, 너의 유일唯一한 존재라는 것을

마음속에 키우고 싶다

마음 속에 소나무 한 그루 키우고 싶다
비바람이 몰아쳐도 흔들리지 않는
하늘이 무너져도 부러지지 않는
그런 소나무 한 그루 마음 속에 키우고 싶다

죽어가는 것들을 다시 사랑할 수 있다면

마음 속에 해바라기 한 그루 키우고 싶다
세파에 시달려도 색 바라지 않는
동파에 휩쓸려도 마른 잎 떨구지 않는
그런 해바라기 한 그루 마음 속에 키우고 싶다

가진 것을 버려도
가진 것을 버린 것을 버려도
가진 것을 버린 것을 버린 것을 또 버려도
가진 것을 버린 것을 무한히 버리고 또 다시 버려도

아직 죽음의 끝에 이르지 않았기에

마음 속에 뜨거운 사람 한 명 키우고 싶다

세상이 아무리 거칠어도 사람을 놓지 않는
인간에 아무리 시달려도 사랑을 접지 않는

그런 뜨거운 사람 한 명 가슴 속에 키우고 싶다

부에 대한 신의 선물

신은 우리에게 분수分數를 주었다

부자는 가진 것을 가볍게 여기는 마음을
빈자는 가진 것을 소중히 여기는 마음을

그럼으로,

부자는 가진 것에 만족하지 못하고
빈자는 가지지 못한 것에 부족하지 않은 삶을 살게 되는

나아가,

신은, 또한, 주었다

분수를 극복하는 부자에게
부자가 가진 것에 대한 빈자 같은 소중함과 감사를

느끼고
빈자와 나눌 수 있는 영광을

분수를 극복하는 빈자에게
빈자가 가지지 못한 것에 대한 부자 같은 가벼움과 감사를 느끼고
부자와 나눌 수 있는 영광을

역으로,

분수를 극복하는 못하는 부자에게
부자가 가지지 못한 것에 대한 빈자 같은 가벼움과 불만을 느끼고
빈자와 나눌 수 없는 치욕을

분수를 극복하지 못하는 빈자에게
빈자가 가진 것에 대해 부자 같은 가벼움과 불만을

느끼고

부자와 나눌 수 없는 치욕을

신은, 결국, 우리에게, 분수 아닌 분수를 주었다

천공을 향하여

새로운 시대가 열리려나

이 새해의 새벽에
하현달에 금성이 올라 온다

대지의 역사는 항상 스스로 밝혀 왔다

해가 지고 나면
누구도 두 눈으로
이후의 역사를 볼 수 없음을

하지만, 선지자는 알고 있다

모든 것이 차가운 어둠에 묻힐 지라도

도도한 역사는
어둠의 뒷편으로 흐르고 흘러
저 먼 우주의 시대가 열리는 것을

이 푸른 새해의 새벽

하이얀 하현달에
황금빛 금성이 천공으로 올라온다

우리는 이제, 새 시대를 위한, 먼 여정을 떠나야 한다

V.
바보

바보

내 나이 환갑

30년 전, 나는

지금의 나 같은 바보를 만났어야 했다

삶이 둥근 이유

삶의 끝을 향해 떠났다

도착해 보니
바로, 떠났던 곳

또 다른 내 삶의 시작이었다

무제

그리움은
추억을 키우는 빗방울

오늘도 석양엔 먹구름이 몰려 온다

에필로그 시설詩說

이 시를 읽는 유일한 그대 - 독자를 위하여

메타 - 존재의 윤회를 종결하기 위한 메타-메타 - 등가성等價性

이문근 | 전북대 컴퓨터공학부 교수

1. 개별과 집합의 상대성

사람과 인간을 구분하는 내포內包에는 개별성과 집합성이 있다. 즉 사람은 개별적 존재, 인간은 사회적 존재라는 의미다. 그러면, 시인의 관점에서, 사람과 인간 간에는 어떤 관계가 성립되는지를 알아보자.

시인-이문근은, 이전 시집 『메타-엑스』[4]에서 「메타-사유와 메타-존재 간의 시적詩的 등가성等價性」[5]을 통해,

4) 이문근, 『메타-엑스』, 문예연구사, 2013.

5) 이문근, 『메타-엑스』, 에필로그 pp. 121~155.

"나는 생각한다. 고로 존재한다"라는, 그리고 그 역으로, "나는 존재한다. 고로 생각한다"라는, 인간 고유의 '메타-사유'와 '메타-존재'의 등가성을 밝혔다. 시인이 여기에서 시쟁詩爭의 주제로 삼았던 인간은 개별적인 존재, 즉 '사람'을 의미했다.

그러면, 시인의 시에서 개별적인 존재로서의 '사람'은 누구일까? 시인은 시에서 개별적인 존재로서의 '사람'을 '나'와 '너'라고, 외연外延으로, 정의한다. 그럼 시에서 지시指示하는 '나'와 '너'는 누구일까? 시인은 '나'와 '너'를 "원래 없었"고, "있어졌다가, 다시 없어"지게 될 존재라고 정의한다.

원래 없었다

그리고 있어졌다, 다시 없어졌다

—「n의 명제 1+ [원리]」 중

일반적으로 개별적인 존재로서의 '사람'은 이렇게 유한한 존재로서 인식이 되지만, 시인은 이러한 유한한 존재의 '사람'을 '인간'으로 승화昇華시키기 위해,

존재의 전과 후의 비非존재를 서로 다르다고 정의하고, "원래 없음"과 "있음에 의한 없음"을 "원초적" 없음과 "결과적" 없음, 또는 "절대적" 없음과 "상대적" 없음으로 정의한다.

> 이제 없음은 처음 없음과 다르다
>
> 처음 없음은 원래 없음이고
> 이제 없음은 있음에 의한 없음이다
>
> 원래 없음은 원초적, 즉 절대적인 없음이며
> 이제 없음은 결과적, 즉 상대적인 없음이다
>
> —「n의 명제 1+ [원리]」 중

즉 개별적인 존재들은 '개별'적으로 유한한 존재이지만, 그 개별성을 극복하기 위한 가능성을, 이런 '절대'에 대한 '상대', 또는, 그 역으로, '상대'에 대한 '절대'로서의 존재 이전과 이후의 없음으로 해석함으로써 개별적 존재의 가치가 질적으로 "절대적 없음"으로부터 "상대적 없음"으로 변화, 즉 승화될 수 있음을 지시한다. 즉 '나'와 '너'의 존재는 소멸을 통해,

모든 존재의 가치를 재조명했다는 의미와 같다. 그런데, 시인은 이런 존재의 가치를 단순히, 절대에 대한 상대만으로 조명하지는 않는다. 시인은 이러한 존재의 내포를 '없음'과 '있음', 나아가 '절대적'과 '상대적'이라는 1 또는 2차원적인 해석이 아니라, 한 차원 더 높은 3차원적인 단계로 승화시킨다.

그러나 없음이란
원초 또는 절대적일 수도 없고
결과 또는 상대적일 수도 없음으로

있음에 의해, 없음이, 원초, 즉 절대적일 수 있었던 것은
없음에 의해, 있음의 없음이, 결과, 즉 상대적일 수 있었던 것은

있어지게 되었던 것의 원인 때문
없어지게 되었던 것의 귀결 때문

절대적 없음은 있음을 전제하지 않는 없음의 없음
상대적 없음은 없음을 전제하는 않는 있음의 없음

—「n의 명제 1+ [원리]」 중

즉 "있어지게 되"는 원인에 의해, 또는 그 "없어지게 되"는 귀결에 의해, "절대적 없음"은 "절대적 없음"을 전제하지 않는, 즉 있음을 가정하는 없음이 아님을; 역으로 "상대적 없음"은 "상대적 없음"을 전제하지 않는, 즉 없음을 가정하는 있음이 아님을 지시한다. 그래서 원래 개별적 존재의 입장에서 볼 때, '사람'은 필연적으로 존재할 수밖에 없는 존재임을 밝히고 있다.

모든 없음은

원래 없었고
지금도 없고
앞으로도, 영원히 없다

—「n의 명제 1+ [원리] 중

그런데, 이런 운명적인 '나'와 '너'라는 개별적인 존재는, 역시, 원래 운명적으로, '개별'적이라는 한계를 가질 수밖에 없다.

2. 개별적 존재의 한계: 개체성과 상이성

모든 개별적 존재는 원초적으로 서로 '개체個體'라는 개별적인 한계를 가질 수박에 없다. 즉 '사람'은 서로 따로, 즉 개체적으로, "원래 없었"고, "있어졌다가, 다시 없어"지게 될, 그래서, 서로가 서로에게 개입할 수 없는, 개별적인 존재로서의 '개체성'이라는 한계를 가지고 있다. 즉 '나'가 '너'가 될 수 없고, 역으로 '너'가 '나'가 될 수 없는 한계를 가지고 있다. '인간'적인, 또는 사회적 관점에서 '사람'은 극히, 생태적으로, 혼자일 수박에 없다.

시인에게 '나'는, 원래, 이러한 존재였다 :

> *나는,*
> 원래 없었다
>
> 그리고, *나는*, 있어졌다, 다시 없어졌다
>
> —「n의 명제 1+ [응용]」 중

시인에게 '너'도, 원래, 이러한 존재였다:

너는,
원래 없었다

그리고, *너는,* 있어졌다, 다시 없어졌다

— 「n의 명제 1+ [응용]」 중

시인에게 승화된 개별적인 존재로서의 '나' 또한 이런 존재였다:

나의,
모든 없음은

원래 없었고
지금도 없고
앞으로도 영원히 없다

— 「n의 명제 1+ [응용]」 중

시인에게 승화된 개별적인 존재로서의 '너' 또한 이런 존재였다:

너의,
모든 없음은

원래 없었고
지금도 없고
앞으로도 영원히 없다

—「n의 명제 1+ [응용]」 중

원래, 이런 개별적인 존재는, 원초적으로, 존재를 같이 공유하거나 공감할 수 없기 때문에, '나'는 '너'를, 항상, 같이 기뻐하거나, 슬퍼할 수 없다:

나는 네가 슬퍼 너를 울까
나는 네가 기뻐 너를 웃을까
너는 나라면

너는 내가 슬퍼 나를 울까
너는 내가 기뻐 나를 웃을까
네가 너라면

—「너와 내가 우리라면」 중

혹시, '나'와 '너'가 같이, 하나, 즉 '우리'가 될 수 있는 상황이 된다면, 즉:

우리는,
원래 없었다

그리고, *우리는,* 있어졌다, 다시 없어졌다

— 「n의 명제 1+ [응용]」 중

그래서 이렇게 승화된 사회적인 존재로서의 '우리'가 존재하게 된다면:

우리의,
모든 없음은

원래 없었고
지금도 없고
앞으로도 영원히 없다

— 「n의 명제 1+ [응용]」 중

개별적인 존재의 한계를 극복하게 되는 것일까? 즉 '우리'는 같이 기뻐하거나, 슬퍼할 수 있는 사회적 존재가 되는 것일까?:

우리는 우리가 슬퍼 우리를 울까

우리는 우리가 기뻐 우리를 웃을까

너와 내가, 정말, 우리라면

—「너와 내가 우리라면」 중

그래서 '우리'의 관점에서, '나'를 돌이켜 보면:

나의 끝은 어디일까

나를 거쳐 간 사람들
내가 거쳐 간 사람들

나의 긴 여정의 끝엔, 누가 있는 것일까

그리고,

나의 기쁨이라고 생각했던 사람과
나의 슬픔이라고 생각했던 사람과
나의 아픔이라고 생각했던 사람 속엔

어떤 나의 웃음과 나의 눈물과 나의 상처가 남아 있을까

—「그 끝은 어디에」 중

또한, '우리'의 관점에서, '너'를 돌이켜 보면:

너의 끝은 어디일까

너를 거쳐 간 사람들
네가 거쳐 간 사람들

너의 긴 여정의 끝엔, 누가 있는 것일까

그리고,

너의 기쁨이라고 생각했던 사람과
너의 슬픔이라고 생각했던 사람과
너의 아픔이라고 생각했던 사람 속엔

어떤 너의 웃음과 너의 눈물과 너의 상처가 남아 있을까
— 「그 끝은 어디에」 중

나아가, '우리'의 관점에서, '우리'를 돌이켜 보면:

우리의 끝은 어디일까

우리를 거쳐 간 사람들
우리가 거쳐 간 사람들

우리의 긴 여정의 끝엔, 누가 있는 것일까

그리고,

우리의 기쁨이라고 생각했던 사람과
우리의 슬픔이라고 생각했던 사람과
우리의 아픔이라고 생각했던 사람 속엔

어떤 우리의 웃음과 우리의 눈물과 우리의 상처가 남아 있을까

—「그 끝은 어디에」 중

즉 개별적인 존재로서의 '나'와 '너'가 같이 기뻐하고 슬퍼함으로써 개별적인 존재로서의 한계를 극복하고, '우리'라는 사회적 존재로 바로 '승화'될 수 있다는 의미일까? 아니다, 시인은 같이 기뻐하고 슬퍼함으로써 개별적인 존재로서의 한계를 극복할 수 없고, 나아가 '우리'라는 사회적 존재로 '승화'될 수 없음을, 즉 같이 기뻐하고 슬퍼한다고 해서, '나'+'너'='우리'

라는 등식이 단순히 성립되지 않는다고 밝힌다. 왜일까? 그 원인은 물리적인 개별 존재의 합체는 물리적인 합체일 뿐, '승화'된 합체, 즉 메타적인 합체가 아니기 때문이라고 밝힌다. 즉 '나'는 '너'를 통해서 '나'를 찾고; 역으로 '너'는 '나'를 통해서 '너'를 찾을 수 있어야 하는데, 그럴 수 없기 때문이라는 것이다.

즉 '나'가 '너'와 같이 공감하고 싶어도, 근본적인, 즉 『메타-엑스』에서 밝힌, '메타-사유'와 '메타-존재'의 등가적 관점에서의 '너'를 수용하지 못하는 문제가, 바로, '나'에게 있기 때문에:

내가 외로운 이유는
내 안에서
나를 찾을 수 없기 때문이다

네가 있을 때나
네가 없을 때나

나는 내 안에서 나 자신을 찾을 수 없다

—「나, 너, 그리고 우리가 외로운 이유」 중

또한, '너'가 '나'와 같이 공감하고 싶어도, 근본적인, 즉 『메타-엑스』에서 밝힌, '메타-사유'와 '메타-존재'의 등가적 관점에서의 '나'를 수용하지 못하는 문제가, 바로, '너'에게 있기 때문에:

네가 외로운 이유는
네 안에서
너를 찾을 수 없기 때문이다

내가 있을 때나
내가 없을 때나

너는 네 안에서 언제나 너 자신을 찾을 수 없다

—「나, 너, 그리고 우리가 외로운 이유」 중

나아가, '우리'가 같이 공감하고 싶어도, 근본적인, 즉 『메타-엑스』에서 밝힌, '메타-사유'와 '메타-존재'의 등가적 관점에서의 '우리'를 수용하지 못하는 문제가, 바로, '우리'에게 있기 때문에:

우리가 외로운 이유는
우리 안에서

우리를 찾을 수 없기 때문이다

우리가 있을 때나
우리가 없을 때나

우리는 우리 안에서 언제나 우리 자신을 찾을 수 없다
—「나, 너, 그리고 우리가 외로운 이유」 중

즉 우리는 각각, '나'는 '나'를, '너'는 '너'를, '우리'는 '우리'를 근본적으로, 즉 메타적으로, 찾을 수 없기 때문에, 즉 '나'는 메타-'나'를, '너'는 메타-'너'를, '우리'는 메타-'우리'를 인지하지 못하고, 그래서, "(메타-'나') + (메타-'너') = (메타-'우리')"라는 등식이, 메타-메타적으로, 결국 성립되지 않는다고 밝힌다.

3. 메타-메타의 세계: 메타-'나', 메타-'너', 그리고 메타-'우리'

우리가 인식하는 세상의 모든 존재는 이름으로 명명된다. 그리고 이렇게 명명된 존재는 일반적으로 인식의 결과, 내포를 통해 성질을 가질 수 있고, 그 성질을 정의하기 위한 속성, 또는 특성이라는 이름을 가진다. 전자의 이름을 '이름'이라고 하고, 후자의 이름을 〈이름〉이라고 한다. 즉 '이름'의 내포, 즉 의미를 정의하기 위해 〈이름〉이 요구된다.

예를 들면, '나'는 '이름'이다. 내포적으로, '나'는 〈나〉라는 〈이름〉으로 정의된다. '너' 또한 마찬가지다. 즉 '너'는 '이름'이고, 내포적으로, '너'는 〈너〉라는 〈이름〉으로 정의된다. '우리'도 또한 마찬가지다. '우리'는 '이름'이고, 내포적으로, '우리'는 〈우리〉 라는 〈이름〉 으로 정의된다. 그런데, '우리'가 〈우리〉라는 〈이름〉으로 정의되기 위해, '나'를 정의하는 〈나〉라는 〈이름〉과 너를 정의하는 〈너〉 라는 〈이름〉 간의 등가성을 정의할 수 있는, 즉 〈나〉 라는 〈이름〉 과 〈너〉 라는 〈이름〉 간의 관계를 정의할 수 있는《이름》, 즉 〈이름〉 의 〈이름〉 에 대한 정의가 요구된다. 즉 본질적으로, 메타-메타적 관점에서,《이름》이 정의되어야 만이, "'나'+'너'='우리'"의 등가성이, 메타-메타적 관점에서 "(메타-'나')+(메타'너')=(메타-'우리')"라는 메타-등가성이 성립된다는 의미다.

즉 이런 메타-등가성이 성립되지 않을 경우, '너'는 '나'의 '이름'을 부를 수 없게 된다:

나에, 이름의 〈이름〉 은 《이름》

네가, 나의 이름을 부를 때
내가, 답할 수 없는 이유는

네가, 나의 이름을 《이름》 의 〈이름〉 으로 부를 수 없기 때문
—「우리에, 이름의 〈이름〉은 《이름》」 중

또한, '나'도 '너'의 '이름'을 부를 수 없게 된다:

너에, 이름의 〈이름〉은 《이름》

내가, 너의 이름을 부를 때
네가, 답할 수 없는 이유는

내가, 너의 이름을 《이름》의 〈이름〉 으로 부를 수 없기 때문
—「우리에, 이름의 〈이름〉 은 《이름》」 중

나아가, '우리'도 '우리'의 '이름'을 부를 수 없게 된다:

우리에, 이름의 〈이름〉 은 《이름》

우리가
서로의 이름을 부를 때
서로가
답할 수 없는 이유는

우리가, 우리의 이름을, 《이름》의 〈이름〉으로, 같이, 부를 수 없기 때문

—「우리에, 이름의 〈이름〉은 《이름》」 중

즉 시인은, 우리가 비로소 서로의 이름을《이름》의 〈이름〉으로 부르게 되어야만, "우리가 서로 이름으로, 사랑할 수" 있게 된다고 한다. 왜 시인이, 메타-메타적 관점에서, "(메타-'나') + (메타-'너') = (메타-'우리')"라는 메타-등가성을 요구하는지에 대한 궁극적인 답이 여기에 있다.

그러면, 메타-등가성을 요구한다는 것은 과연 어떤 의미일까? 그것은 절대적으로 자아를 냉철하게 객관적으로 인식認識하는 과정과 같다. 예를 들면, 거울을

통해, 거울 앞의 '나'와 거울 속의 '나', 즉 '너'가 결국 하나의 존재임을 인식하는 과정과 같다.

처음, '너'가 '나'의 '이름'을 《이름》의 〈이름〉으로 부르기 전까지, '나'는 '너'가 거울 속에 있는 '나'라는 사실을 인식할 수 없다:

> 거울 앞에서, 내가
>
> 거울 속의 나, 즉 너에게 묻는다: 너는 누구냐고
> 너는 나에게 말한다: 너는 나라고
>
> 역으로, 거울 속에서, 너가
>
> 거울 앞의 나에게 묻는다: 나는 누구냐고
> 나는 너에게 말한다: 나는 너라고
>
> —「거울 속의 절대각」 중

'너'는 '나'에게, '너'는 거울 속에 있는 '나'라고 말하지만; 역으로, '나'는 '너'에게, '나'는 거울 속에 있는 '나'라고 말하지만, '나' 자신은 거울 속의 '나', 즉 '너'라고 말할 수 없고; 역으로, '너' 자신은 거울 밖의

'너', 즉 '너'라고 말할 수 없게 된다:

거울 앞에서, 내가
나에게 자문自問한다: 내 자신이 누구냐고
나는, 거울 속의 나, 즉 너라고 자답自答할 수 없다

거울 속에서, 네가
너에게 자문한다: 네 자신이 누구냐고
너도, 거울 앞의 너, 즉 나라고 자답할 수 없다
—「거울 속의 절대각」 중

즉 서로가 거울을 통해서만 존재하는 '나'와 '너'가 된다:

거울 앞의 나는 오직 거울 속의 너를 통해서만 존재하는 나
거울 속의 너는 오직 거울 앞의 나를 통해서만 존재하는 너
—「거울 속의 절대각」 중

즉 스스로 존재할 수 없는 '나'와 '너':

거울 앞의 나는 오직 거울 속의 너를 통해서만 존재하는 나
거울 속의 너는 오직 거울 앞의 나를 통해서만 존재하는 너
—「거울 속의 절대각」 중

그래서, '나'는 '나' 스스로 '나'일 수 없고; '너'는 '너' 스스로 '너'일 수 없는 존재:

> 거울 앞에선, 나는 스스로 나일 수 없다
> 거울 속에선, 너는 스스로 너일 수 없다
>
> —「거울 속의 절대각」 중

그러나, '너'가 '나'의 '이름'을 《이름》의 〈이름〉으로 부를 수 있다고 하지만, 서로에게 '나'와 '너'는 아직 개별화된 존재일 수밖에 없다. 즉 '나'와 '너'가 진정으로 하나가 되기 위해서, "'나'+'너'='우리'"의 등가성을 확인해야 한다:

> 우리는, 언제나
> 절대각을 통해서만 존재하는 우리
>
> 거울 앞에서, 내가
> 거울 속의 너에게 묻는다: 우리가 누구냐고
> 거울 속의 너는 거울 앞의 나에게 말한다: 우리는 우리라고

역으로

거울 속에서, 네가
거울 앞의 나에게 묻는다: 우리는 누구냐고
거울 앞의 나는 거울 속의 너에게 말한다: 우리는
우리라고

그리고

거울 앞에서, 내가
나에게 자문한다: 우리 자신이 누구냐고
거울 앞의 나는, 비로소, 거울 속의 우리 너라고 자답할 수 있다

거울 속에서, 네가
너에게 자문한다: 우리 자신이 누구냐고
거울 속의 너도, 비로소, 거울 앞의 우리 나라고 자답할 수 있다

—「거울 속의 절대각」 중

즉 '나'와 '너'는 '우리'의 '이름'을 《이름》의 〈이름〉으로 부를 수 있고, 오직 "(메타-'나') + (메타-'너') = (메타

-'우리')"라는 메타-등가성의 거울을 통해서 만, "'나'+'너' ='우리'"의 등가성이 성립됨을 확인할 수 있다:

거울 앞의 나는 오직
거울 속의 우리 너를 통해서만 존재하는 거울 앞의 우리 나
거울 속의 너는 오직
거울 앞의 우리 나를 통해서만 존재하는 거울 속의 우리 너

결국

거울 앞에선, 우리 나는 스스로 우리 나일 수 있다
거울 속에선, 우리 너도 스스로 우리 너일 수 있다

거울의 절대각에서, 우리는 항상
스스로 존재하는 우리 자신이 될 수 있다

—「거울 속의 절대각」 중

그래서, '우리'는, "너는 슬프면, 내가 아프"고; "내가 아프면, 네가 슬"픈, 역으로, "너는 아프면, 내가 슬프"고; "내가 슬프면, 네가 아"픈 존재가 된다. 그래서, "네가 울 때, 나도 울고 싶"어지고; "내가 울

때, 너도 울고 싶"은 존재가 된다 (「소통의 의미」 중).

이는 꼭 아픔과 슬픔만 같이 한다는 의미가 아니다. 아픔과 슬픔을 같이 할 수 있다면, 기쁨과 행복은 더욱더 같이 할 수 있는 것이다.

즉 시인은, 이전 시집『메타-엑스』의 관점에서 메타-'나'와 메타-'너'를 정의하고, 이를 기반으로, '나'와 '너'의 이름을 서로《이름》의〈이름〉으로 부르게 함으로써 메타-'우리'를 정의할 수 있게 한다. 즉 메타-메타의 관점에서, 드디어, "(메타-'나') + (메타-'너')=(메타'우리')"의 메타-등가성이 성립된다.

4. 존재의 원초적 한계: 무한 반복성

시인은 '사람'에 대한 개별성의 한계를 '인간'에 대한 사회적 존재로 '승화'시킴으로써, 메타-메타 관점에서, 그 개별성의 한계를 극복한다. 즉 '나'와 '너'를 메타의 단계에서 메타-'나'와 메타-'너'로 정의함으로써, '나'와 '너'의 이름을, 메타-메타 단계에서, 서로를《이름》의〈이름〉으로 부를 수 있게 되고, 결과, 메타-'나'와 메타-

'너'가 메타-'우리'가 되고, 결국 개별적인 '나'와 '너'는 사회적인 '우리'가 된다.

이를, 이전 시집『메타-엑스』에서 '메타-사유'와 '메타-존재' 간의 관점에서 보면, '사유'와 '존재'의 이름을, 메타-메타 단계에서, 서로를《이름》의〈이름〉으로 부를 수 있게 되고, 그 결과, 메타-'사유'와 메타-'존재'가 메타-'사유=존재'로서의 등가성이 성립되고, 결국, 개별적인 '사유'와 '존재'는 사회적인, 즉 등가적 '사유=존재'가 된다고 해석할 수 있다.

이처럼, 시인이 자신의 시설詩說로 주장하는 메타-메타론論를 통해, 개별적인 '사람'의 존재가 사회적이라는 '인간'의 존재로 '승화'되면, 근본적으로,〈인간〉의 한계는 극복하게 되는 것일까? 결코, 그렇지 않다.

시인은 개별적 존재와 집합적 존재를 하나의 종種별 관계로 제한하고 있다. 즉 존재라는 한계를〈인간〉이라는 하나의 종에서 발생이 될 수 있는 개별과 집합의 관계라는 단위적인, 즉 종별 문제로 규정하고 있다.

즉, 《이름》의 〈이름〉을 통해, '사람'의 개별성의 한계를 '인간'의 사회성으로 극복한다고 해도, '〈인간〉이라는 종의 한계는 아직 근본적으로 해결하지 못하고 있다는 의미다.

그러면, 시인이 인식하는 〈인간〉이라는 종의 한계는 어떤 것인지 알아보자. 시인은 생명을 가진 존재가 시간이라는 틀에 종속될 수밖에 없음을 다음과 같이 지시했다:

> 나는 1살 때
> 무한한 반복을 했다
> 2살이 되기 위한 반복을
>
> 나는 2살 때
> 무한한 반복을 했다
> 3살이 되기 위한 반복을
>
> — 「무한 반복의 의미」 중

그리고 이런 반복을 환갑이 될 때까지 반복한다. 즉 메타-반복한다:

나는 59살 때
무한한 반복을 했다
60살이 되기 위한 반복을

— 「무한 반복의 의미」 중

그리고 자문한다:

환갑이 되기까지의
반복의 목적은 무엇이었을까

— 「무한 반복의 의미」 중

그리고 여기에는 두 가지 유형의 형식이 반복됨을 확인할 수 있다. 하나는 '날'(일日)의 반복이고, 다음 하나는 '년年'의 반복이다:

각 나이테마다, 다시 반복될
다음 나이테를 위한 무한의 반복을 제除하고는

— 「무한 반복의 의미」 중

이를 메타-메타 관점에서 해석하면, '날'은 개별적 존재로, '년'은 사회적 존재로 해석할 수 있다. 하지만, 각 개별적 존재로서의 '사람'의 관점에서 보면, '나이테'

는 개별적 존재로, 한 사람의 '삶'은 사회적 존재로 비유할 수 있다. 나아가, 그 '사람'의 삶이 윤회처럼 반복이 된다면, 한 삶을 개별적인 존재로, 윤회를 반복하는 삶을 사회적 존재로 해석할 수 있다. 즉 각 인식의 단계마다, 각 차원에서의 개별성과 사회성이 각 차원마다 승화적으로 반복이 됨을 확인할 수 있다. 이런 면에서, 이러한 개별성과 사회성을 메타-개별성, 메타-사회성이라고 정의할 수 있다. 그리고 이러한 반복을 메타-반복이라고 할 수 있다. 그럼 각 승화 단계마다, 이렇게 반복이 되는, 메타-개별성, 메타-사회성의 메타-반복성을 어떻게 극복할 수 있을까?

우선, 시인은 메타-메타의 관점에서 메타-개별성은 메타-사회성으로 해결할 수 있음을 이미 보였다.

그러면, 메타-사회성은 어떻게 극복될 수 있는지 알아보자. 시인은 한 단계의 사회성이 승화하여, 다음 단계의 개별성이 되는 과정이, 다음 단계에서 사회성의 반복을 유도하는 조건이라고 전제한다. 이러한 이유 때문에, 지금 단계에서의 사회성이 반복되는 것을 원천적으로 방지할 수 있다면, 이 반복되는 사회성이 다음 단계의 개별성이 되지 않기 때문에, 근본적으로, 메타-전환轉換과 메타-승화昇華라는 메타-반복이 되지 않고, 〈인간〉의 존재라는 굴레에서 메타적으로 해방될 수 있다고 지시한다:

나는

이번 생이
다음 생을 위한
무한의 반복이 되지 않기를

진심으로 바랄 뿐이다

— 「무한 반복의 의미」 중

그렇다. 존재와 생명은 반복되는 것이다. 그리고 그 과정에서 각 단계마다 개별적 존재는 사회적 존재로 승화하고, 사회적 존재는 반복의 그 다음 단계에서 개별적인 존재로 전환하면, 다시 그 단계에서 사회적 존재로 승화 과정을 거치게 된다. 만약 이러한 전환과 승화 과정이 어떤 정점 또는 한계에 이르지 못한다면, 이러한 과정은 무한히 반복될 수밖에 없다, 이것이 바로 개별적 존재든, 사회적 존재든, 존재의 원초적인 한계가 된다.

이런 관점에서 ‘나’를 보면, ‘나’라는 개별적인 존재의 ‘나’ 안에는 이전 단계의 개별적인 단계의 ‘나’가 존재하고, 그 이전 단계의 ‘나’ 안에는 또 이 이전 단계의 개별적인 단계의 ‘나’가 존재하게 된다. 그리고 그 과정이, 무한하게, 역순으로, 반복하게 된다:

> 내 안에는 오직 나만이 존재한다
>
> 그리고,
> 내 안에 있는 그 내 안에도, 오직
> 내 안에 있는 나만이 존재한다
>
> 그래서, 난
> 내 안에 무한하게, 그리고, 영원히 존재한다
>
> —「Rec. X^{+1}」 중

이런 관점의 연장선상에서 ‘나’와 ‘너’, 즉 ‘우리’를 보면, ‘우리’라는 사회적인 존재의 ‘우리’ 안에는 이전 단계의 사회적인 단계의 ‘우리’가 존재하고, 그 이전 단계의

'우리' 안에는 또 이 이전 단계의 사회적인 단계의 '우리'가 존재하게 된다. 그리고 그 과정이, 무한하게, 역순으로, 반복하게 된다:

> 내 안에는 오직 너만이 존재하고,
> 네 안에는 오직 나만이 존재하면;
>
> 내 안에 있는 그 네 안에는, 오직
> 나만이 있게 되고,
> 내 안에 있는 그 네 안의 그 내 안에는, 오직
> 너만이 있게 되어;
>
> 우리는, 항상
> 나는 너로 인해, 내 안에 무한하게, 그리고, 영원히 존재하게 되는 피조물이 되고
> 너는 나로 인해, 네 안에 무한하게, 그리고, 영원히 존재하게 되는 피조물이 되어;
>
> 우리는, 영원히, 그리고, 무한하게
> 서로의 피조물이 된다

— 「Rec. $X^{+1}Y^{+1}$」 중

무한하게, '나'안에, '너'를 통해, '나'가 존재할 수밖에 없다는; 무한하게, '너'안에, '나'를 통해, '너'가 존재할

수밖에 없다는, 개별적 존재의 운명과, 더불어 "서로에게 피조물이 된다"는 사회적 존재의 운명은 '나', '너', 그리고 '우리'의 존재가, 메타적 관점에서, 얼마나 치열한 존재일 수밖에 없음을 단편적으로 보여주는 '윤회'의 외연外延, 즉 지시어指示語다.

그러면 이러한 '윤회'의 운명을 벗어날 방법은 없는 것인가? 그렇지 않다. 시인은 이러한 운명을 벗어날 방법으로, 이전에 "무한의 반복이 되지 않기를" 바라는 것처럼, 내 안에 존재하는 '나'가 진정한 '나'가 아님을, 메타적으로, 인식하는 것이라고 했다:

> 내 안에 나는 존재하지 않는다
>
> 그래서, 난
> 무한하게, 그리고, 영원히 존재할 수 없다
>
> —「Rec. X^0」 중

그러면 '나'가 진정한 '나'가 아님을 어떻게 메타적으로 인식하는지 알아보자.

5. 영원한 '너', '나', 그리고 '우리'

먼저, 만약 '나', '너', 나아가 '우리'가 이러한 '윤회'의 굴레로부터 헤어나지 못하면 어떤 삶을 살게 되는지 알아보자.

시인은 삶의 윤회를 다음과 같이 지시했다:

> 삶의 끝을 향해 떠났다
>
> 도착해 보니
> 바로, 떠났던 곳
>
> 또 다른 내 삶의 시작이었다

— 삶이 둥근 이유」 중

시인은 삶이 존재하는 세상도 다음과 같이 지시했다:

> 세상 끝을 향해 떠났다
> 도착해 보니
> 바로 여기 출발한 곳이었다.

—「지구가 둥근 이유」 중

시인은, 나아가, 세상이 존재하는 우주도 다음과 같이 지시했다:

> 우주 끝을 향해 떠났다
> 도착해 보니
> 바로 출발한 지구였다
>
> —「우주가 둥근 이유」중

즉 〈인간〉이 '윤회'의 굴레로부터 벗어나지 못한다면, 〈인간〉은 이러한 삶을 무한하게 반복한다는 점이다. 특히, 개별적 존재가 사회적 존재로 승화가 이루어지지 못할 뿐만 아니라, 진화적 관점에서 다음 단계로의 승화도 이루어지지 못하고, 단순히 한 단계의 개별적인 존재로서의 무한한 삶을 반복한다는 의미다.

하지만, '윤회'를 마감하는, 즉 개별적인 존재와 사회적 존재를 무한히, 전환/승화적 관점에서 반복하는 과정을 종결하는, 조건으로서, '나'안에 '나'가 존재하지 않는다는 인식은 '우리'의 존재가 진정으로 '나'가 아닌 '나'로서, '너'가 아닌 '너'로서, 나아가, '우리'가 아닌

'우리'로서 존재해야 하는지에 대한, 메타적 〈존재〉의 의미를 규정하고 있다. 이런 관점에서 시인은, 특히, 윤회의 〈과정〉을 마감하는 〈인간〉으로서 가져야 하는 〈인간〉 최고最古의 지선至善인 사랑을 통해서, 어떻게 〈윤회〉의 이 과정이 종결될 수 있는지를 보여준다:

나 하나, 당신 하나
나 둘, 당신 둘
나 셋, 당신 셋

우리는 같았을까

—「사랑은 태초에」 중

먼저, 시인은 '나'와 '너', 즉 '우리'는 처음부터 끝까지 무한하게 같을 수 있는지 의문을 가진다. 당연히, 그 의문은 무한한 반복 속에서의 존재의 전환/승화 이전의 의문이다. 그래서 동일성의 전제조건인 '대칭성對稱性'과 '반사성反射性'이 성립되는지를 확인한다:

나 하늘, 당신 땅
나 구름, 당신 바람

나 천둥, 당신 번개

우리가 항상 쌍雙이면,

나 오른 쪽, 당신 왼쪽
나 앞, 당신 뒤
나 밖, 당신 속

우리가 항상 대칭對稱이면,

내 안엔 당신
당신 안엔 나

우리가 항상 반사反射적이면,

우리는 결국 같은 것이 되는 것일까

—「사랑은 태초에」 중

여기에 '전이성轉移性'은 당연히 '우리'가 되기 위한 또 다른 전제조건이다. 그러고, 이렇게 '나'와 '너'는 결합적으로, 즉 '우리'로서, 무한하게, 하나가 될 수밖에 없음을 확인한다:

나는 당신 안에 있는 나를 보며 당신이 되고
당신은 내 안에 있는 당신을 보며 내가 되면

우리는 항상 결합적으로

우리는 하나가 되고
우리는 둘이 되고
우리는 셋이 되고
그래서, 우리는 무한이 되어

우리는 영원히 항상 같은 것이 되는 것일까

—「사랑은 태초에」 중

그래서, 이러한 '하나'됨은, '나'와 '너'가 '우리'와 같음을 확인하기 이전, 태초부터 성립이 되었음을 의미한다:

그래서, 우리는, 원래
같은 것이 되기 전에, 태초의 하나였음을 알게 되는 것일까

—「사랑은 태초에」 중

그런데, 만약, '나'와 '너' 사이에 이러한 '대칭성'과 '반사성'이 성립되지 않는다면, '나'와 '너'는 과연 어떤 존재가 될 수 있는지 또한 확인한다:

나 하늘, 당신 땅, 그리고 바다
나 구름, 당신 바람, 그리고 비
나 천둥, 당신 번개, 그리고 어둠

우리가 항상 쌍이 아니라면,

나 오른 쪽, 당신 왼쪽, 그 사이엔 대립
나 앞, 당신 뒤, 그 사이엔 중립
나 밖, 당신 속, 그 사이엔 고립

우리가 항상 대칭이 아니라면,

내 안엔 당신과 또 다른 나
당신 안엔 나와 또 다른 당신

우리가 항상 반사적이 아니라면,

우리는 무엇이 될까

—「사랑은 태초에」 중

그리고 '전이성'이라는 다른 전제조건이 충족되지 않는다면, '나'와 '너'는 결합적으로, 즉 '우리'로서, 무한하게, 하나가 될 수 없음을 확인한다:

> 나는, 당신 안에, 당신과 다른 또 다른 나를 보며 내가 아닌 내가 되고
> 당신은, 내 안에, 나와 다른 또 다른 당신을 보며 당신이 아닌 당신이 되면
>
> —「사랑은 태초에」 중

그럴 경우, '우리'는 '하나'가 될 수 있고, 또한 '하나'가 되지 않을 수도 있는 또 다른 운명에서의 무한한 반복성을 확인한다:

> 우리는 항상 선언選言적으로
>
> 우리는 하나가 아닌, 둘이 되거나
> 우리는 둘이 아닌, 셋이 되거나
> 우리는 셋이 아닌, 넷이 되거나
> 그래서, 우리는 무한이 아닌, 또 다른 무한이 되어

우리는 영원히 항상 같은 것이 아닌 것이 되는 것은 아닐까

그래서, 우리는, 원래
같은 것이 되기 전에, 태초의 하나가 아니었음을 알게 되는 것은 아닐까

— 「사랑은 태초에」 중

여기에서 중요한 점은, '사랑'은 '우리'의 하나된 선택이라는 것이다. 즉 '우리'는 다를 수도 있지만, '하나'가 되는 선택을 했고, 그렇게 선택한 '하나'의 사랑은 영원하다는 것이다. 즉 무한하게 전환/승화적으로 반복되는 사랑이 아니라, '나'가 아닌 '나'로서, '너'가 아닌 '너'로서, '우리'가 아닌 '우리'로서, 윤회를 마감하는, 단 하나뿐인 이 삶의 시작에서 끝까지, '대칭'적으로, '반사'적으로, 그리고 '전이'적으로 무한하게 유한한 사랑을 한다는 것이다:

그래서, 사랑은, 결국
태초에 하나였거나, 아니면, 하나가 아니었거나 하게 되어

별 하나, 나 하나
별 둘, 당신 둘
별 셋, 나 셋
별 넷, 당신 넷

우리는, 같이, 무한한 별들을
반복적으로 무한히 세고 있는 것은 아닐까

우리의 사랑을 위하여, 영원히

—「사랑은 태초에」 중

그래서, '우리'의 무한한 '사랑'은 드디어 유한하게 〈완성〉이 되는 것이다.

그렇다. 〈인간〉의 무한하게 반복되는 '메타-전환/승화'와 '메타-윤회'를 마감하기 위하여, 냉철하게, 하지만 〈인간〉 최고最古의 지선至善인 사랑을 통해, 메타-'나'와 메타-'너'와 메타-'우리'를 부정함으로써, 메타적으로, 메타- 〈인간〉을 부정하는 것이 이 시집『메타-메타』의 〈깨달음〉, 즉 〈메타-메타〉의 메타포다.

이문근 시집

메타-메타

초판 인쇄 2021년 10월 25일
초판 발행 2021년 10월 30일

지은이 이문근
발행인 서정환
발행처 문예연구사

출판등록 제465-1984-000004호
주소 서울특별시 종로구 삼일대로 32길 36, 301호
대표전화 02-3675-3885, 063-275-4000
전자우편 munye321@hanmail.net

값 10,000원

ISBN 979-11-5605-975-2 03800